INTRODUCTION

Après avoir publié des petits livres de poésie en vers libres, des nouvelles, et des récits de voyages, j'ai commencé à écrire des Haiku fin 2015. Après quelques tentatives, le rythme des syllabes 5/7/5 (Haiku), ou 5/7/5/7/7 (Tanka) a été un rythme dans lequel je me suis immergée tout naturellement. Dire beaucoup, en peu de mots, et sans la contrainte des rimes !

Pendant douze mois, d'un printemps à un autre printemps j'ai observé plus attentivement les nuages, les arbres de mon jardin, et savouré le thé que j'adore. Parfois, au réveil, le « ah des choses », comme disent si joliment les Japonais, allié à une sensibilité nourrie de nombreuses lectures et échanges d'idées, m'a aidée à trouver ma voix.

J'invite le lecteur à essayer… c'est bien plus qu'un jeu, ça pourrait devenir un réel plaisir de pouvoir prendre des instantanés, comme des photos, de ce que chacun d'entre nous appelle « sa réalité », avec des images qui nourrissent le réel et l'imaginaire.

Mon style personnel étant autobiographique, ça n'a pas manqué dans ce modeste recueil, en filigrane…

J'ai eu la chance et l'honneur de voir quelques uns de mes Haiku illustrés de dessins à la plume par François Yon. Il vient d'ailleurs de publier (2017) un recueil de Haiku, Tanka et Renga sur un sujet encore peu exploré en français : « La maladie d'encre ».
[Également aux Éditions CreateSpace-Amazon.]
Avec pédagogie et bienveillance, il a été mon guide en Haiku et Tanka, qu'il en soit remercié chaleureusement.

On lit un Haiku tranquillement, peut-être est-ce mieux encore de le relire deux fois de suite… aussi à voix haute… On l'aura compris, il y a de l'esprit zen dans l'air !

Comment ne pas terminer en citant le plus célèbre Haiku de la langue japonaise, écrit par Matsuo Bashô en 1686 (comme il s'agit d'une traduction en français, le nombre des syllabes est un peu différent) :

Vieille mare
Une grenouille plonge
Bruit de l'eau

« Mon maître parle souvent des nuages pour enseigner l'absence de naissance et de mort. Le nuage est un changement insaisissable, comme la vie. Il se transforme en pluie qui devient l'eau dans notre coupe de thé ».

Un moine bouddhiste anonyme

PRINTEMPS
春

L'esprit de la nuit
Planait sur les eaux du lac
Silence profond

Une barque abandonnée
Dérivait sans gouvernail

Mon bureau cellule
Envahi de vieux carnets
Le récit de rêves

Complicité de la lune
Qui entre par la fenêtre

Un style d'ivoire
Et des tablettes de cire
Raconter l'histoire

Écrire la vie
Et chaque goutte de pluie
Serait une histoire

Un puits de lumière
Douceur de la pierre à encre
Matin de printemps

Recherche du sens
La mémoire décousue
N'offre que du vide

Allumer la lampe
Les ténèbres repoussées
Journal du matin

Dire la vraie vie
Ou la vie sur papier ?
Carrousel sans fin

Tasses du matin
Et clarté des évidences
Boire son nuage

La neige a fondu
Vert vif de la haie de buis
L'herbe est pleine d'eau

Serrures sans clé
Si les armoires parlaient
Un secret de moine

Un rêve éveillé
Une bulle de lumière
Venue de loin

Un chocolat chaud
Lune blanche au balcon
Savourer l'instant

Lumière bleu verte
Du final en ré majeur
Fête du printemps !

Un ciel tourmenté
Nuages insaisissables
Étoffe moirée

Pétales blanc jaune
Primevères piétinées
Fragile beauté

Sirotant mon thé
Pensant à ma mort prochaine
Revoir le printemps

Au fond du jardin
L'oisillon tombé du nid
Petit tas de plumes

La fourmi aveugle
Se dirige sans boussole
Ne plus être seule

Aimer le silence
Souffle de vie fragile !
Assis en zazen

Une nuit de pleine lune
Primevères dans les champs

Bouton d'orchidée
Aura peut-être le temps
S'ouvrir ou tomber

Ce monde flottant
Un océan d'énergie…
Photos non datées

Le vent du printemps
Pensées qui s'effilochent
Une bulle d'eau

Avec des non-dits
On se fabrique une vie
Pas de quoi en rire

Dans un ciel d'aveugle
Une tempête de sable
Chercher la lumière

Les sables mouvants
Tentation de l'invisible
Préférer la vie

Serial killer :
« Signe de reconnaissance
Une écharpe bleue

Celle de l'étranglement
Quand je vous rencontrerai... ».

Tango argentin
Mise en scène du désir
Marteler le sol

Du feu sous la glace
Stupeur, un champ de décombres
Le désir, ça flambe

Danse de Juichi
Avec un masque de femme
Son regard intense

Derrière le masque
S'il n'y avait vraiment rien ?
De bois ou de cire

Printemps sous les plumes
Corps nu de Juichiro
Étonnant fantasme

Une hypnose douce
Poupées de terre cuite
À quoi rêvent-elles ?

Opale de feu
C'était un château de verre
Son journal intime

Du fond de la nuit
Intensité des nuages
Théâtre des ombres

Car le cerveau est fragile !
Et pourtant, un peu d'amour

Ciel devenu jaune
Un tsunami de nuages
Terreurs enfantines

Un enfant perdu
Recueilli au monastère
Un matin de printemps

Soleil qui se cache
Les elfes de la forêt
On ne les voit pas !

Ou alors, des apparences…
Se promener sous les arbres

Les yeux des enfants
Au bal masqué de la vie
Voir la poésie

                              L'enfant Célestine
                    Aimait tant grimper aux arbres
                          Pour voir les nuages !

Un château de sable
Que l'enfant a laissé là…
Quel mandat du ciel

Effacé de la mémoire ?
Indifférents, les nuages

                              Penser les nuages
                    En étant pensé par eux
                          Être l'univers

Gueules de dragons
Oh, déjà effilochées
Passent les nuages

                              Trouver son nuage :
                    « Perlette la goutte d'eau »
                          Pluie deviendra

Barcarolle douce
Tous les amandiers en fleurs
Défient le gel

Visage de femme
Poésie sous les vagues
Mémoire de pierre

Rire de gargouille
Notre-Dame de Paris
Usure des pierres

Arpèges brisés
L'oiseau mesure le ciel
Libres fulgurances

Question au « Yi King » :
Un beau prince répond
Adresse inconnue

La terre a tremblé
Une vague scélérate
Secoue le bateau !

Rouleaux de nuages
Sortilèges de la nuit
Recherche du vide

La pierre de lune
Dans une coupe d'argent
Un accord magique

Escalier sans fin
Qui se perd dans les nuages
Est-ce un mirage ?

Parfois les nuages
Chevelures sans visage
Chercher un message

Ces nuits blanches et grises
Des dragons dans les nuages
Tous des sortilèges

Seul et sans espoir
La pluie toute la nuit
Chanson lancinante

Et ploc !! Un seau sous le toit
Au monastère, personne

Thé vert de printemps
Abondance de riz brun
Le moine est content !

Poudrés de pollen
Attendant le renouveau
Les pruniers en fleurs

Après le festin
Sous les cerisiers en fleurs
Pagaille sur terre

Une abeille vole
Ô parfum de bergamote
Sublimé en miel

Jaune sur la terre
Partout des champs de colza
Le printemps est là !

Fête du citron
Feuilles vertes parfumées
Printemps à Menton

Pas un souffle d'air
Le cyprès attend la nuit
Les oiseaux se cachent

Rire de grenouille
Jardin noyé sous la pluie
Horreur, un crapaud !

ÉTÉ
夏

Oh, quelle chaleur !
Le fer forgé du balcon
Me brûle les mains

Lumière voilée
Mirabelles de l'été
Touffeur de la pluie

Dans l'île d'Oki
Commencement de l'été
Petite fleur bleue

Vivre cet instant
L'éternité peut attendre
Savourer la joie

Animaux fantômes
Magnétisme des nuages
Regarder le ciel

Terre de « Yixing »
Mémoire de la théière
Infuser l'été

Le thé dans les îles
Près du nid, la tourterelle
Une eau pas très pure

Une eau incertaine
Pour la « Source du Dragon »
Thé de la montagne

Reflet du soleil
Sur la blanche porcelaine
Le thé du matin

La fourmi volante
Prête pour son vol nuptial
Oublie son ombre

Thé vert « Hojicha »
Et gâteau au chocolat
En toutes saisons !

Des gâteaux de lune
Gourmandises de saison
Thé brûlant et pluie

Éclat vert du thé
Tourne le fouet de bambou
Un bol pour l'offrande

Sur la page blanche
Trois tasses de café noir
Oh, les orchidées !

Encore et encore
Le « Boléro de Ravel »
Divin Jorge Donn

Le Maître a bien ri :
Son disciple a confondu
Le « washabi » vert !

Plage de galets
Surprise : sous chaque pierre
Une idée folle

Le thé chez les fous
Anniversaire d'Alice
Loir dans la théière

Tout au bord du gouffre
Cessez de gesticuler…
Trouver le chemin

Au soleil couchant
Flotte le radeau de bois
Sur le lac Biwa

Un monde flottant
Où la flèche de l'archer
Dessine le ciel

Buvez votre thé !
Le jeu du bateau qui coule…
C'était en riant

Partir en voyage
Passerelle bien usée
Tant de pèlerins…

Porteurs de lanterne
Souriant avec les yeux
Thé brûlant en Inde

Ce feu d'artifice
Qui crépite dans mon cœur
Fête de l'été

Une simple tasse
Thé chez le Maharadjah
Que vouloir de plus

Thé brûlant en Inde
À Konarak sous la pluie
Une autre lumière

Une nuit d'orage
Brutalité de l'éclair
Le rictus du piège

Le baiser furtif
D'un envoyé de la mort
Le frelon, en Inde

En toutes saisons
Les plus belles orchidées
Finissent en compost

Rafales de vent
Branches souples du cyprès
Danse de l'été

Sifflement du vent
Tempête dans le désert
Deux roses des sables !

Un goût de citron
Petit nuage de lait
Thé après l'orage

Un dernier repas
Auberge du Vent des Routes
Cuisses de grenouilles !

Mémoire de l'herbe
Mon chat a pissé dessus
Un pré en été

AUTOMNE
秋

Quarante écus d'or
Sous le ginkgo biloba
C'est déjà l'automne

Les nuages passent
Une éternelle mouvance
Comme les pensées…

Perdu en forêt
Les arbres me regardaient
C'était bien l'automne

J'étais sous un arbre
« El Arbol del Olvidio »
Là-bas, dans mon île

Dire ma tristesse
Avec la ronde des mots
Fragile nacelle

Lumière solaire
Les elfes de la forêt
On ne les voit pas

Mourir pour des apparences
Se promener sous les arbres

Un tapis de mousse
Avancer à l'aveuglette
Glisser sur des feuilles

Tisane du soir
Et miel de fleur d'oranger
Sauge du jardin

La fleur d'oranger
Parfume les abricots
Anis étoilé

Semailles d'automne
Force d'un caillou brisé
Chemin de terre

Fragilité d'une fleur
Qui vivra une saison

Déterrer la plante
Et secouer les racines
Une mise à jour !

Poussière d'étoiles
Ah ! Ces chrysanthèmes blancs
Charme de septembre

Habiter dans les nuages
On n'arrête pas le vent

Où sont les nuages ?
Les trous noirs de l'univers
Ciel devenu rouge

Un ciel tourmenté
Insaisissables, les nuages
Étoffe moirée

Photo argentique
Dans le grège de l'automne
Le flou de l'image

Décalcomanie
Traces de couleurs
Lumière des rêves

Adresse inconnue
Un beau prince qui répond
Parfum de pivoine

L'Arbre de l'Oubli
Entouré d'obscurité
La fourmi aveugle

Une direction
Se dessine doucement
Chêne dans mon île

                       Tournesols fanés
              Les arbres sont fatigués
                Douceur de l'automne

Pas un souffle d'air
Le cyprès attend la nuit
Lune blanche au balcon

                  Le moine bouddhiste
                A levé le pont-levis
                    Ne pas déranger

Fragile légendes
Sur un parchemin ancien
Comme de la soie

                    Espérer encore
              En ce monde parallèle
                  Un thé partagé

Savourer l'instant
Oh, ces chrysanthèmes blancs !
Bonheur fugitif

Quitter la nuit étoilée
Un sentier de non-retour

Souffler la bougie
Sa fumée sans couleur
Beauté éphémère

Chemin des grenouilles
Le moine zen rit tout seul
Feuille sur la tête !

HIVER
冬

Ce sera l'hiver
Il faudra mettre des gants
Les saisons reviennent

Ouvrir le rideau
Il a neigé cette nuit
Déjà, des pas noirs

Neige sur le toit
On gèle dans le grenier !
L'hiver sera long

Flocons tous pareils
Nostalgie cristalline
Cette nuit encore

Les flocons de neige
Semblent flotter dans le vent
Tout est blanc par terre

                              Oh, le « kodoma »
                         A mis son bonnet de neige
                              Seul, dans le jardin

Assis en zazen
Tout seul avec ma théière…
Il neige dehors

                              Branches de fusain
                            Écrasées par la neige
                              Dessiner la glace

Blancheur de la neige
Les souvenirs s'effilochent
Pas le moindre bruit

                              Soleil sur la neige
                           Fulgurances de l'instant
                              Mes yeux fatigués

Routes dangereuses
La neige de février
A bloqué la porte

                              Silence très blanc
                          La surface de l'étang
                              Reflète le ciel

Rafales de vent
Branches souples du cyprès
Danse de l'hiver

Les arbres souffraient
La tornade aux yeux jaunes
Hurlait, droit devant !

La voix de la cloche
Du temple comme à regret
Dirige ma vie

J'avais rendez-vous
Dans la hutte de l'ermite
Parler de la pluie

Au fil des années
Ce contentement de soi…
Comme le « poussah » !

Ils me font bien rire
Les pourfendeurs de l'ego
Aller son chemin…

Pensées lucides
Et blancheur des ellébores
En prendre deux grains !

Solitude de l'hiver
Au jardin du monastère

Consoler ma peine
Le miroir de l'analyste
Froid matin d'hiver

Une tache d'encre
Branches mortes de l'hiver
Parler de ma vie

Pas vraiment au monastère
Ou garder le silence

Un parfum d'encens
Inventaire de ma vie
Hiver au soleil

S'activer au monastère
Terminer le manuscrit

Recherche du sens
La mémoire décousue
N'offre que du vide

Mes feuilles jetées
Au vent de l'indifférence
Écrire pour toi

Dans un labyrinthe
Piège de l'imaginaire
Cesser de tourner

Le film du passé
Deux anneaux en onyx noir
Rien qu'un sortilège

Au palais des vents
L'essentiel n'est jamais dit
Mais le pourraient-ils ?

Lave du volcan
Un amour couleur pivoine
Patine du temps

Incompréhension
Désaccorder la lumière
Comment réparer

Ma colère casse
Comme la pie voleuse
Leur sérénité

La méditation…
En contemplant le Salève
Ou le Mont Fuji…

Un pont sur le fleuve
Mon bâton de pèlerin
Le passeur savait

Au bord de l'abîme
Faire confiance aux saisons
Passer avec elles

La mémoire file
Ça n'aura jamais de fin
Oh, le sablier…

Bébé hurle à mort
Mère s'est évanouie
Donner une rose

Mon cœur attendra
Au-delà de mes prières
Le pardon, peut-être

Donc j'avais quatre ans
Avançais parmi les ronces…
On ne parlait pas

La toupie tourne
Et toute la joie s'envole
Quand ça fait trop mal

Carrousel sans fin
Le corps de l'enfant avance
Âme solitaire

La femme qui rêve
Lui, il regardait ailleurs
Très ailleurs, hélas

Désir, désertion
Oh, prenez-moi dans vos bras…
Tiens, va te moucher !

Briser l'illusion
Avec d'autres illusions
Toupie cassée

Seul dans un bassin
S'agiter Dieu sait comment
Sans savoir nager

Frôlé par le train
Il s'en est fallu de peu…
Visage livide

Mort d'Ivan Ilitch
Le moujik a voulu boire
Thé cerises rouges

Traîneau perdu dans les neiges
Le ciel ne répondait plus

Un soir de décembre
Dans le velours de la nuit
Un mort sur la route

Sans mesurer la distance
Canne blanche de l'aveugle

« Sorbmegaisa »
La montagne dangereuse
Un ami est mort

Kimono pudique
Les gangsters sont de retour
« Serial killer »

Mon fils de vingt ans
Envolé comme un oiseau
Tué sur la route

Au bal masqué de la vie
Le ciel était plein d'étoiles

                              Mort sur la route
                    Les anges ne saignent pas
                        Et pourtant, ce rouge…

La porte fermée
Défoncée par le tigre
Du sang sur la route

                              Parti en fumée
                    Le château de Barbe-Bleue
                         La mort peut attendre

Les roses vivantes
Ou peintes sur porcelaine
Vie ou mort, pareil

Comment communiquez-vous ?
Dans ce temps imaginaire

                            De quoi souffres-tu ?
                        Guérison des souvenirs
                             Respirer la vie

Avec un sourire
Médecin un peu chaman
Écrit à la plume

Tes mains se dénouent …
La flamme de la bougie
Vacille sans but !

Le sablier retourné
Va continuer sans toi

Diagnostic fatal
Dans la doublure du temps
Le malade est seul

À trois heures du matin
Goût de métal dans la bouche

Lumière bleu verte
Du final en ré majeur
Billet simple course…

Effacés, les spectateurs
Autre côté du miroir

Avant que je parte
Suivez-le entre les lignes
Fil de couleur rouge

J'étais un peu triste
L'orchidée me regarde
Sa beauté me touche

Un esprit paisible
Habiter dans les nuages
Et voir la lumière

Voyage initiatique
Guérison des souvenirs

Petite Kitty
La poupée japonaise
Défie le temps

Une nuit d'hiver
Au chaud et au calme
Seul devant le feu

Un thé sous la neige
Bien au chaud dans la théière
L'esprit de Noël

Un rouge éclatant
Quatre fleurs d'amaryllis
Un don généreux

Un peu de bon thé
Et soleil dans la tasse
Toujours du bonheur

Il faudrait du feu
Les passants s'arrêteraient
On se parlerait

Les rats débrouillards
Héros de tous les naufrages
Un sac de patates

Glenn Gould, pur cristal
Ce sera cette musique
Volcan maîtrisé

Votre âge, c'est quoi ?
Les vieux, ça ne fait pas vendre
Dans les quatre-vingt…

Ah, vous ne les faites pas
Faudrait faire quoi, au juste ?

Froid de février !
Tout simplement, respirer…
Merci à la vie

Bouquet de fleurs blanches
Devant les volets fermés
Le Maître est parti

« J'ai interrogé le garçon sous les arbres. Il m'a dit : le Maître est parti seul ramasser quelque part des herbes, dans la montagne, là-bas dans les nuages, je ne saurais dire où ».

Chia Tao (777-841)

KACHINAS

De gauche à droite : Tête d'ours, Chef, Tête de boue

Rapportés de chez les Indiens Hopis en Arizona par l'auteure.

Photo © Jean-Paul Levet

Autres publications de Béatrice Corti-Dalphin :

Miettes de Bonheur
Éditions Ling à Lausanne, 2000

Le thé, une histoire d'amour
Éditions Samizdat à Genève, 2005

Kelvin, l'enfant fou
Éditions Samizdat à Genève, 2005
Traduction anglaise en 2008

Tabou
Éditions Samizdat à Genève, 2013

Voler le bec ouvert
Éditions Samizdat à Genève, 2015

Calcutta-Katmandou 1964-1968-1970 Récits de
voyages
Éditions CreateSpace Amazon, 2016

28810323R00033

Printed in Great Britain
by Amazon